だいわ文庫

いい女の教科書

スタイルを持つ女性になれる57の方法

中谷彰宏

大和書房

Method 1

プロローグ

いい女は、毎日、お稽古ができる。

「私は向上心があります」と言う女性は、たくさんいます。

「向上心のある女がいい女」と思い込んでいるのです。

向上心はあっても、練習をしません。

ダンス教室で、先生から「次の練習までに、毎日このストレッチをしてきてください」と言われます。

ところが、これをしないのです。

体がかたくて筋力がないと、ダンスは教えられません。

「私はストレッチを習いに来たのではなく、ダンスを習いに来たのです。早くステップを教えてください」と言うのです。

これが「向上心のあるダメな女」です。

「なかなかレッスンのスケジュールがとれない」とか、「ほかにもっといい先生はいませんか」と言うのです。

お稽古をすることが正しいのではありません。

お稽古は好き嫌いです。

「お稽古が好きな人」と「お稽古が嫌いな人」とがいるのです。

いい女は、頑張ってお稽古しているわけではありません。

お稽古が好きなのです。

お稽古することで、できないことができるようになるからです。

いい女モドキは、向上心さえあればいい女になれると思っています。

病院で1日3回食後に飲む薬をもらっても、1カ月飲み続けることができません。

「1粒でなんとかなりませんか」と言います。

コツコツやるのが苦手なのです。

ここが「いい女」と「いい女モドキ」の違いです。

ストレッチをちゃんとしていないことは、先生は一瞬でわかります。

練習をやってからではなく、教室に入ってきた時からわかっています。

言われた家でのストレッチをやってきたそぶりをするのが、一番バレるのです。

世の中には、きれいで、美人で、スタイルもよくて、性格もいいのに、お稽古が嫌いな人がいます。

そもそも優秀な人ほどお稽古が嫌いです。

もともと器用で、なんでもできるからです。

不器用な人は、お稽古に抵抗がありません。

そもそも不器用なので、できないことが前提です。

先生が教えたくなる生徒は、ちゃんとお稽古をしてくる人です。

仕事を教えたくなる人は、コツコツ練習してくる人です。

一発で変わることを目指すのが、いい女モドキです。

向上心があってお稽古が嫌いな女性より、向上心がなくてお稽古しない人のほうが、まだマシです。

いい女モドキの言う「向上心」は、最もイヤらしく聞こえるのです。

1 スタイルを持つ女性になれる方法 ≫

向上心があるだけで、満足しない。

スタイルを持つ女性になれる57の方法

目次

2章 いい女は、毎日している。

3章 いい女は、思い込みを捨てて自由。

4章　女を下げる習慣は、やめよう。

5章 いい女は、工夫でツキを呼ぶ。

いい女になろうと
毎日お稽古
してる君が
いい女より
もっといい女だ。

中谷彰宏

あきひろ

【この本は、3人のために書きました。】

①いい女になりたいけど、毎日のお稽古ができない女性。

②知らないうちに、返事が暗くなっている女性。

③結果が出ないことに、あせっている女性。

1章

いい女には、緊張感がある。

Method

2

「ちょっといいですか」を、明るいトーンで話す。

一緒に仕事をしていて、テンションが上がる女性がいます。

「ちょっといいですか」という言い方には、明るいトーンと暗いトーンの2通りがあります。

文字では表現できません。

高いトーンで来られると、急いでいてもすぐに話を聞きたくなります。

低いトーンで来られると、「あとでもいい？」と言いたくなります。

何か時間がかかりそうなのです。

文字にすると、同じ「ちょっといいですか」です。

明るいトーンか暗いトーンかは、本人は気づいていないのです。

街頭インタビューは、高いトーンで聞いてくるから立ち止まれるのです。

街頭で暗いトーンで来られたら、怖いです。

マナー用語集を見ると、言葉だけが書かれています。

トーンのことは書いてありません。

「ハイ」「ありがとうございます」「承知しました」など、すべての言葉に明るいトーンと暗いトーンがあります。

誰でも明るいトーンで話す人と一緒に仕事をしたいです。

暗いトーンで話す人は、なるべくなら、一緒に仕事をしたくありません。

言葉づかいは丁寧ですが、暗いトーンで話していることに自分で気づいていないのです。

2
スタイルを持つ女性になれる方法

明るいトーンで、話そう。

Method

3

前からより、うしろから見られている。

第一印象が疲れていない女性は、魅力的です。

これは、男性も女性も同じです。

和服で決めている女性で、襟足がムチャクチャくずれている人がいます。

これは「疲れているな」という感じがします。

京都の花街の屋形のお母さんが、芸妓さん、舞妓さんに一番厳しくしつけるところが襟足です。

襟足の髪が1本でも出ていると、「ちょっと来なさい」と言って直します。

そこまで襟足にこだわるのは、襟足の髪のほつれが、生活の疲れを感じさせるからです。

疲れ感を演技で出そうと思ったら、簡単です。

襟足は自分では見えません。
見えないところをピシッとできているかどうかです。
CAの人は、ピンで髪をとめておだんごにしています。
男性がCAをいいなと思うのは、髪のほつれがないからです。
奥さんがだんだん手を抜き始めると、髪の毛がほったらかしになります。
ショートとかロングとか、髪型の問題ではありません。
髪の毛がほつれていると、生活苦を感じさせます。
「また文句を言われるんじゃないか」と、男性はヒヤヒヤします。
男性は、女性にドキドキは求めません。
仕事でさんざんドキドキしています。
男性の仕事は、マンモスを捕《と》りに行くことです。
生きるか死ぬかの戦いをしています。
家に帰ってきたら、ほっとしたいのです。
帰ってきていきなり奥さんの髪の毛がほつれていたら、「マンモスが家にもいた」ということになるのです。
第一印象で大切なのは、襟足に象徴されるうしろ姿です。
前は一生懸命頑張ります。
うしろはほったらかしです。
魅力的な女性になるかどうかは、うしろが勝負です。
割合としては、前は1で、うしろは9です。
真正面から見られることはあまりありません。
うしろから見られていることのほうが圧倒的に多いのです。

3 スタイルを持つ女性になれる方法 うしろ姿に、手を抜かない。

Method

4

香水をつける前に、自然のにおいを感じるセンサーを磨く。

センスの目盛りが、1センチより1ミリ、1ミリより0・1ミリというのが、いい女の尺度です。

1センチより2センチ、2センチより10センチ、10センチより1メートルというのが、いい女モドキの尺度です。

目盛りが小さくなればなるほど、センスは敏感になります。

いい女モドキは、より大きなもの、より強いものを求めるのです。

あるかないかぐらいの香水が、一番ジワジワと効いてきます。

いい女の攻撃はボディーブローです。

いい女モドキの攻撃は、まわし蹴りとか真空飛び膝蹴りです。

クロスカウンターを狙っているのです。

このあと、奥さんや彼女に会う予定の男性に会う時は、香水をつけないのがマナーです。

いい女は、つける時とつけない時の使い分けができるのです。

いい女モドキは、手紙にドバドバ香水をかけます。

何も知らないで手紙を開けると、香水のにおいが手からとれなくなります。

エレベーターに誰が乗ったかわかるぐらい、香水をつけている人もいます。

これはツー・マッチです。

服の上から香水をかけている人もいます。

においは1分間でボケてきます。

本人は足りないと思って、またドバドバかけます。

センスが麻痺すると、1ミリの目盛りがわからなくなるのです。

そうなると、花や料理のにおいもわからなくなります。

お寿司屋さんで、きつい香水はNGです。

料理のにおいにまじるのです。

まわりのお客様や板前さんにイヤな顔をされても気づきません。

自分が大きい声を出しているのに気づかないのと同じです。

自分のにおいがまわりに飛んでいることに、まったくセンサーが働かないのです。

日本人は、水で洗ったようなお浄め状態をよしとします。

狩猟民族と違います。

しかも、大ぜいの中で生活することが前提です。

ほのかなにおいは日本の美的文化です。

手紙に入れるにおい袋も、香りはほのかです。

欧米人は香水のつけ方を知っているし、TPOもわきまえています。

欧米の香水をそのまま日本に持ち込むから、おかしなことになるのです。

とったコピー紙に香水のにおいがプンプンしていることがあります。

これは香水をつくった人に失礼です。

調香師さんは、命をかけて香水をつくっています。

ドバドバかけるようにはつくっていません。

そんなことをすると、せっかくの香りが品のないものになるのです。

まずは、花のにおいをかぎわける力をつけることです。

自然のにおいに敏感になって初めて、香水に進めるのです。

雨にもにおいがあります。

春には春、秋には秋、冬には冬のにおいがあります。

雪が降ったあとは、氷のにおい、雪のにおいがします。

雪が降ったあとに日が差します。

朝、「積もった雪のにおいがするね」と言った時に「そう？」と言われたら、ガッカリです。

においの共感性のない人とは、思いを共有できないのです。

4 スタイルを持つ女性になれる方法 ≫

自然のにおいに、敏感になろう。

Method 5
いい女は、好きな人と一緒にいない時も、ハッピー。

好きな人と一緒にいる時は、誰でもハッピーです。
一緒にいない時の生活がガラッと変わるのが、いい女モドキです。
いい女もいい女モドキも、いい男とつき合うと、いい女になれます。
いい女モドキは、いい男と一緒にいる間だけゴキゲンです。
一緒にいない時は、急に不機嫌になります。
ムッとして、何もしなくなります。
エネルギーがわかなくなるのです。
いい女は、いい男と一瞬会うだけで、それ以外の時間もハッピーです。
月1回しか会えなくても、残り29日が生き生きして、頑張ろうと思えるので

す。

その間のメールのやりとりも、当然ハッピーなやりとりになります。

いい女モドキは、会っている時のメールはハッピーです。

会っていない時は、

「早く会いたい」

「なんでもっと会ってくれないの」

「今日はなんでメールがないの」

というメールになるのです。

会っていない時も、生き生きできる人、コツコツお稽古できる人は、いい女に近づいていています。

今、いい女である必要はありません。

「いい女に近づいている女性」も「いい女」です。

ゴールに着いていなくていいのです。

ダンスを教える側からすると、できる生徒が「いい生徒」ではありません。

できなくても、近づいている生徒が「いい生徒」です。

毎日5分のストレッチをすることで、近づいていきます。

めんどくさがってやらない人は、遠ざかっていきます。

会っていない時間に生き生きしていると、ますます魅力的になって、ますます会いたくなります。

結果、会う頻度が増えます。

会っていない時にメールでブツブツ言われると、会いたくなくなるのです。

「なんで会ってくれないの」と言いますが、そんなことを言うからです。

それだけのことです。

そんな人に会いたいとは思わないのです。

5
スタイルを持つ女性になれる方法

1人でいる時、ハッピーになろう。

Method

6 話しかけられたら、喜ぶ。

ブロックしている女性は声をかけにくいというより、声をかけた時にリアクションがありません。

何か話しかけた時のリアクションは、

① 喜ぶ

② 質問をする

の2通りしかありません。

②の人は、「なんで私に声をかけたんですか」と言います。

ほめても、喜ぶ人と「なんでほめてくれたんですか」と聞く人、

誘っても、喜ぶ人と「なんで誘ったんですか」と聞く人、

告白しても、喜ぶ人と「なんで私なんですか」と聞く人、

と2通りに分かれます。

「なんで私なんですか」と質問する人に、「これこれこういう理由だから」と言っても、「それはどうしてですか」と無限に質問が続きます。

質問は楽しくありません。

「あの人は声をかけやすくて、私は声をかけにくいから」と言う人がいます。

「声をかけやすい人」と言っている時点で、自分が被害者です。

「あの子は声をかけやすい」というのは相手の悪口になっています。

ブロックしている人がオープンマインドの人に対して卑下している時に、「声をかけやすい」という表現を使います。

これは男性だろうが女性だろうが同じです。

同性同士でも声をかけにくい人はいます。

自分が声をかけられた時に、今までどんなにつまらないリアクションをしていたか気づくことです。

質問している人は、自分が質問していることに気づきません。

「質問しているよ」と言われた時、
「なるほど」とは言いません。
「質問していますか」と言います。
これは拒否です。
コミュニケーションは、受け入れるか拒否するかです。
「なんで〇〇なんですか」というのは、興味ではなく拒否から出た質問なのです。

6 スタイルを持つ女性になれる方法 「声をかけやすい人」になろう。

Method
7
話を聞く前から、面白がる。

人間は、自分の話に食いついてくれる人に「また会いたい」と思うのです。
「昨日、京都に行った」と言った時に、
「私は昨日、モナコから帰ってきたんです」と言う人がいます。
その人とはもう会いたいとは思いません。
「なに張り合っているの」と思います。
男性は、ここで失敗しがちです。
「最近行ってよかったところ合戦」になるのです。
負けないようにモナコの話を出したら、京都の話はつぶれてしまいます。
行ったところはどこでもいいのです。
「昨日、心斎橋に行ってきた」と言われたら、

「心斎橋は最近、何か面白いですよね。心斎橋のド真ん中に老人ホームができたそうですね」と、勝手に盛り上がります。

テーマはなんでもいいのです。

相手が出したテーマに食いつくということです。

「何食べる？　ピザとかどう？」と言われたら、

「ピザは最近レベルが上がっているのよね」と盛り上がります。

これで「このコと一緒にピザを食べに行こう」と思えるのです。

テンション低く「え、ピザ？　どこのピザ？」と言われたら、一緒に行きたくなくなります。

女性をディズニーランドに誘った時は、

「行く行く」という返事が一番うれしいのです。

その時点で、その女性に貢ぎたくなります。

「ホテルはどこに泊まるの？」と冷静に聞かれた時点で、気持ちは急激に冷めていきます。

「〇〇ホテル」と言うと、

「うーん、どうしようかな。今どういうパレードやっているの。アトラクションはどういうのがあるの？」と言われたら、かわいくないのです。

話を聞いてから面白がるのではありません。

話を聞く前から面白がれることが大切なのです。

7
スタイルを持つ女性になれる方法

相手の話題に食いつこう。

2章

いい女は、毎日している。

Method

8 日常を、お稽古にする。

一番のいい女は、日常の暮らしとお稽古が分離していません。

「なんか習いごとしたいんですけど、時間ないんです」と言う女性は、生活がひどい可能性があります。

生活そのものがお稽古であり習いごとです。

ごはんの食べ方がお稽古になります。

バレエやバイオリンだけがお稽古ではありません。

究極のお稽古は日常です。

日常のすべての立ち居振る舞いがお稽古と思えるようになるのがいい女です。

24時間のお稽古なら圧倒的に勝ちます。

「毎日、私は1時間のお稽古ごとに通っています」と言う人がいます。

1時間対24時間では全然違います。

「忙しいのでお稽古ごとに行っている時間がないんです」と言うこと自体、意識が違います。

たとえば、仕事でコピーをとる、電話番をする、お茶を淹れるというのも習いごとです。

お茶を習いに行くのと、会社でお茶くみをするのはまったく同じことです。

違うのは本人の意識です。

「どうしたらおいしく淹れられるだろう。上手な人はどうやっているのだろうか」と考えれば、お茶くみも習いごとになります。

茶道を習っても作法を知ることだけにこだわると、究極はヘンなしきたりだけを覚えます。

それではスピリッツが消えています。

ダンス教室でも、ステップを習いに来る人は日常が変わりません。

そもそもは貴族の精神を教わりに来ているはずなのに、バタバタ歩いてトイレに行く人がいます。
たとえ漏らしてもあせらないと考えるのが貴族の精神です。
日常をお稽古にできる人が究極のいい女です。
そういう女性は、会うたびにグレードアップしているのです。

8

スタイルを持つ女性になれる方法

家事を習いごとにしよう。

Method 9 ほめられることだけを、生きがいにしない。

基準は自分の中にしかありません。

「人目線」で生きるか、「自分目線」で生きるか、どちらを選択するかです。

人目線で生きている人は、まだ親離れしていないのです。

親・先生・上司にほめられることに、すべての基準を置いています。

「なんで捨てたんだ」とか「なんで取ってあるんだ」と言われたくないのです。

すべての基準が自分以外にある人は、捨てることができなくなります。

何を残すかを選べないのです。

モノを捨てる具体的な方法は、引っ越しです。

荷物を抱えて引っ越しするのは、めんどくさいのです。

引っ越しの多い人は、必然的にモノを捨てざるを得なくなります。

会社を辞めたり、離婚したりすると、必然的にモノが減ります。

離婚した時は、自分が家を出たほうがいいのです。

残った側は人生を変えにくくなります。

共有していたモノは全部相手にあげたほうが、新しいスタートを切れます。

モノが残っていたら、気持ちが悪いのです。

離婚・辞職・転勤は、一見ネガティブな人生の転機です。

これを積極的に受け入れていきます。

転職して年収が下がることで、かえってモノが減る可能性があります。

1歩間違うと、安物を買い始めてモノが増えてしまう人もいます。

年収が上がっても下がっても、自分の軸が決まっていない人は、モノが増えるのです。

人基準に生きているか、自分基準に生きているかの違いです。

ビジネススクールでも「目的は何?」と聞くと、「ほめられたいから」と言う人がいます。

もはやリーダーではありません。
リーダーになるためのビジネススクールなのです。
「どういうリーダーになりたいか」と聞くと、
「部下にほめられる上司になりたい」と言うのです。
部下にほめられるかどうかビクビクしているのです。
これでは立場的に部下のほうが上になるのです。

9

スタイルを持つ
女性になれる方法

≫

他人基準になっていることに気づこう。

Method

10

いい女は、議論をしない。

「あの女性は中身がない」と感じる女性は体験がないということです。論を語るだけなのです。

一緒に話をして楽しいのは、その人の体験を聞けるからです。

ところが、議論をする人が多いのです。

それでは楽しくありません。

たとえば、「今のあなたの仕事はどうして選んだのですか」と聞いて、

「この仕事は自分の可能性を伸ばせるから」

というのは、面接で最もつまらない答えです。

これは面接ではなく日常会話です。

「成り行きで、友達の代理で引き受けたらズルズルここまで来ちゃった」とい

うほうがドラマを感じます。

中身というのは、その人の体験です。

インターネットの時代は、体験がなくてもいくらでも語れます。

体験が1次情報だとすると、インターネットにおける情報は、誰かが何かをした人から聞いた話、その話を聞いた人から聞いた話という2次、3次の情報があふれています。

その話ばかりしている人がいるのです。

これがウワサ話です。

どんなすごい話でも、ウワサ話はつまらないです。

それよりは、その人のナマの実体験なら小さい話でも面白いです。

普通、人と話をする時は何げなしにみんなが話しているように感じます。

話には、

①　説明をしている人

②　体験を話している人

の2通りがあります。
自分がいつの間にか説明ばかりしているというのが中身のない人です。
体験している人は、「こう感じた」という話ができます。
ところが、論を語る人はどこまで行っても他人情報です。
その人自体がインターネットの一種になっているのです。
インターネットに魅力は感じません。
単なる道具です。
そういう人とわざわざ一緒にごはんを食べたり、話そうとは思わないのです。

10
スタイルを持つ女性になれる方法

説明を、求めない。

Method
11
ラインを見せて、肌を隠す。

男性がセクシーさを感じるのは、ラインを見せる服装です。
肌が露出すると、逆に冷めます。
男性は想像力の動物です。
「この服を脱いだらどうなんだろう」と、勝手に盛り上がれます。
服を脱がれると下品に感じるのです。
「脱げば脱ぐほどいい」という思い込みは、女性側の勘違いです。
これは男性の心理がわかっていません。
中近東では、女性は肌を隠しています。
隠されれば隠されるほど高ぶります。
男性は袋とじに弱いのです。

女性はオマケのほうが好きです。
袋とじはウケません。
福袋も破く人たちです。
男性はオマケに興味がないので、プレゼントにはひっかかりません。
肌を見せるのはプレゼントと同じです。
それよりは、袋とじにしたほうがいいのです。
ラインを見せる服装は、セクシーです。
モコモコの服を着ると、ラインが出なくなります。
ラインが出る服を着て、肌を隠しておくのがちょうどいいのです。
「シンプル」は、何もしないことではありません。
洗練されないと、シンプルにはたどり着けません。
和服は露出がほとんどないのに、セクシーです。
露出のパーセンテージが少なくなればなるほど、少しの露出に魅力が出るのです。

11
スタイルを持つ女性になれる方法

体重より、骨格に気をつけよう。

和服を着た時の勝負は肩のラインです。
肩甲骨がかたくて肩が盛り上がっている人は、オシャレではありません。
男性は、胸のラインではなく、肩のラインと背中のラインを見ています。
これが男性と女性の意識の違いです。
いい女は、ちゃんとラインを見せる服を着ています。
外国人は露出しているように見えますが、ちゃんとラインを見せています。
いい女モドキは、露出を大きくしてドン引きされます。
露出が多いと、男性からは好かれて、同性には引かれると思いがちです。
男性からも引かれているのです。

Method

12 いい女のインプットの、マネをする。

まわりを見て比較することは、悪いことではありません。

女性の力は、まわりを見る力です。

男性は、まわりを見ても、勝ち負けで終わります。

女性は、まわりを見て、マネることができます。

オシャレなファッションの人がいたら、その人のオシャレの勉強の仕方をマネします。

たくさん食べても太らない人がいたら、コツを教わってマネすればいいのです。

太らない状態をマネすることはできません。

結果はマネできないのです。

原因の比較と結果の比較は、あまり意味がありません。
原因と結果は、１人１人状況が違います。
大切なのは、過程を比較して、マネて、盗むことなのです。

12

スタイルを持つ女性になれる方法

いい女のマネをしよう。

Method

13 工夫から、魅力が生まれる。

結婚や恋愛がマンネリ化して、彼が優しくしてくれなくなったり、ほかの女性に目が行くという事態が起こります。

これに対して男性を非難する女性がいます。

それは自己反省が足りません。

そのままでは劣化します。

たとえば、炊きたてのごはんと昨日のごはんなら、炊きたてのごはんを選びます。

実際、お店では昨日残ったごはんをチャーハンにして出したりします。

チャーハンと炊きたてのごはんなら、選択肢として考えられます。

昨日のごはんをなんの工夫もしないでそのまま出されたら、炊きたてのごはんのほうがいいに決まっています。

昨日のごはんをチャーハンにする工夫があると、「やっぱり白いごはんよりチャーハンだな」となったりします。

「炊き込みごはんと白いごはんならどちらがいいですか」となると選択肢が生まれます。

自分の工夫がいるのです。

相手のための「女磨き」と言うと、相手を悪にした考え方です。

「自分が自分を見て情けなくないか」という基準で見ることです。

魅力的な人は、常に工夫をしています。

工夫をすると、そのままの素材のものに比べておいしくて魅力的になります。

工夫をしている人の努力を評価し、そこから何かを学ぼうとする姿勢・関心が必要です。

いい女の世界では、経験量の多い人が圧倒的に勝ちます。

若い女性は戦えません。

経験量や工夫の量が違います。
いい女モドキの世界では、若い女性が勝ちます。
なんの工夫もない世界です。
そこで選ぶなら若いほうがいいということになるのです。

13
スタイルを持つ女性になれる方法

経験から、工夫をしよう。

Method

14
予備知識のない体験をする。

私は、直島の暗闇寺（南寺）に行った時に、間違ってオジサンの手をつかんでしまいました。

これは想像できないことです。

軽井沢「星のや」のメディテイションバスは、暗闇のお風呂です。

奥に続く暗闇のお風呂を進んでいくのです。

女湯に出ちゃったらと考えると、ドキドキしました。

そこで誰かに遭遇するドキドキ感と、遭遇した人がオバサンであるというリスクもあります。

オジサンとは限らないのです。

ノーインフォメーションで行くことが、最もドキドキ体験です。

暗闇寺も、私は「何も聞かないで、とりあえず入ってみてください」と言われて入りました。

「中に何があるんですか」

「どうなっているんですか」

「これはどういうものですか」

と聞いたり、パンフレットを読んでから行くのではなく、何も知らないでドキドキしながら行くことが体験になるのです。

ニセコのとあるホテルには、池に面した露天風呂があります。

露天風呂に入って池を眺めるという趣向です。

お風呂のお湯が池にも流れているので、池にも湯気が立っています。

間違って池に入ってしまった人は、「ちょっとぬるいかな」ということになるのです。

初めて行った時は、何の表札もありませんでした。

2回目に行った時は、「ここは池です」という表札が立っていました。

表札が立つまでに、多くの人が池につかったのです。
白鳥と一緒に池につかるのは、すごい趣向です。
できるだけ表札がないほうが面白いのです。
間違って池に入ってしまうからといって、怒ってはいけません。
その体験をできたことが面白いのです。
「露天風呂がぬるかったよ」と、そのまま気づかずに帰ってくる人がいい女なのです。

14

スタイルを持つ
女性になれる方法

事前情報のない体験をしよう。

Method

15 体験すると、世界観が変わる。

ディズニーランドに、「アリスのティーパーティー」というアトラクションがあります。

一見遊園地によくありそうなコーヒーカップです。

「えっ、コーヒーカップ？」と言っている人に、「アリスのティーパーティー」のすごさを話しても、意味がわかりません。

最初は、みんなあなどっていました。

花屋敷だって油断しています。

「アリスのティーパーティー」を体験すると、ディズニーランドのあらゆるアトラクションが怖くなくなるのです。

体験していない人は、頭の中で「コーヒーカップってこんなのでしょう。中谷さんはよっぽどビビりだな」と思っています。

体験すると、世界観が変わるのです。

中谷塾で話を聞いて、実際に「アリスのティーパーティー」に乗りに行った人がいました。

同じように話を聞いても、「すごいらしいよ」で終わる人もいます。

乗って吐きそうにならないと、もったいないのです。

そこで生まれ変われます。

体験すると、景色が変わります。

絶叫マシーンを克服したい人には、「アリスのティーパーティー」はうってつけなのです。

15 スタイルを持つ女性になれる方法
絶叫する体験を、しよう。

Method

16 好きなモノは、片づけをすると、見つかる。

「会社を辞める」というのは会社を捨てるということです。

家のローンのことも考えて捨てているのです。

捨てることを反対しないパートナーは、自分のことを考えてくれているのです。

捨てると、絆は深まります。

取っておくと絆は薄くなります。

議論を省いて「とりあえず取っておこう」という保留をしています。

未来への先延ばしをしているだけです。

捨てることで大切な宝物が見つかります。

捨てる原則があるから宝物が残るのです。

全部取っておくと宝物は見つからなくなります。

16
スタイルを持つ女性になれる方法

捨てることで、宝物を見つけよう。

Method

17 自分の体の「見える化」から始まる。

自分の数値を知ることが、スタートラインになります。

女性は毎日鏡を見るので、今日のファンデのノリが悪いことからすぐわかります。

男性は鏡を見ません。

女性が鏡を見て「今日のファンデーションのノリが悪い」と自覚するのと同じように、とりあえず成長ホルモンの数値が今いくらなのかをはかってみることです。

時系列でその値がどれだけ減って、平均年齢で比べてどうなのかを調べてみるのです。

骨密度をはかるだけでもドキドキします。

自分の年齢よりも上に出ると、なんとかしなければという気持ちになります。

これがモチベーションになるのです。

「あの人があんなに若く見えるのは、何をしているのだろう」と思ったら、その人に参考意見を聞いてみることです。

この時に「特に何もしていません」という言葉にだまされないことです。

何もしていないのではありません。

何かしています。

そのやり方が、長期的でムリがないから、習慣になっているのです。

特に何もしていなくても、習慣化するまでのプロセスの段階では、意識してコツコツやってきたことがあります。

生まれついてのことではなくて、努力して得たやり方を学ぶのです。

17

スタイルを持つ女性になれる方法

≫

自分の体を「見える化」しよう。

Method

18 カウンターでは、あとから来たお客様が座りやすいように座る。

カウンター席はテーブルのように区切られていません。
そこにどう座るかはむずかしいのです。
お店の人が「どうぞこちらへ」と言ってくれたら、そこに座ります。
「お好きなところへどうぞ」と言われることもあります。
この時に、好きなところに座っていいわけでは決してないのです。
隣のカップルから1個あけて座ることは、お店にとって最も困るパターンです。
次に来たカップルが、また1個あけて座ります。
そうすると、2つの席が死んでしまいます。
カップルの多い店では、混んでいる時なら詰めて座り、すいている時なら2

個あけて座ります。

お客様が来ていない時は、隣に荷物を置いておいてもいいのです。

お客様が来たら、すぐに荷物をどこかに片づけます。

そうすると、お店の人に「このお客様はお店の側のことをわかってくれている」と思われます。

カウンターの座り方で、初めて来たお客様でも、きちんとわかっている人かどうかがよくわかるのです。

18
スタイルを持つ女性になれる方法
≫
「ほかの人の邪魔」になっていることに気づこう。

Method
19
「自慢話」と、「興味のない話」に食いつく。

自慢話を聞けるようになると必ずかわいがられます。

たいていは「またその話?」と口をとがらせます。

みんなが苦手な話を聞けるのがいい女です。

男性の自慢話・説教・マニアックな趣味の話が聞けるようになったら、その女性は男性にモテます。

女性の好きな買い物・ファッション・コスメの話を男性にしないようになったらモテます。

聞いてはいけない話があります。

グチ・悪口・ウワサ話です。

これを聞くと、話し手がこれがウケるんだと思ってどんどん話してしまいます。

上手な聞き方というのは、上手な聞き流し方でもあります。

聞き流されると、それ以上展開しません。

グチ・悪口・ウワサ話というのは、実は話し手が悪いのではなく、聞き手が火に油を注いでいるのです。

説教や自慢話はいくらでも聞いてあげていいです。

すべての人があらゆるジャンルに興味があるなんてありえません。

起こりがちなのは、興味のある話は必死で聞くのに、興味のない話はテンションがドンと落ちることです。

大切なのは、興味のない話に食いつけることです。

「なんで社交ダンス？」

と興味がないと思っても、そこにぐいぐい食いついていくようになると、その人はかわいがってもらえます。

「あの人、興味のある話は聞くけど、興味のない話は全然食いつかないで話題変えるよね」と、思われています。
「え、何それ。面白そう。教えて」と聞いて、食いついていけばいいのです。

19 スタイルを持つ女性になれる方法
興味のない話に、無口にならない。

Method 20 ひよこを持つように、モノを持つ。

女性らしさを感じるしぐさは、モノの持ち方です。

コートを預けた時の持ち方でも雑な人がいます。

預けたコートがハンガーに斜めにかかっていて、「ちゃんとかけて。気持ち悪い」と思うことがあります。

そういう時は自分でハンガーにかけたくなります。

モノの持ち方で、その人のすべてのモノへの接し方がわかります。

お箸や鉛筆の持ち方は教わったり、自分で変だなと気づけます。

それ以外のモノの持ち方は教わりません。

カバンやジャケットの持ち方は、なんか違和感あるなというところでとどまっていることがあります。

いい女にコートを持たれると、ハートを持たれた感じになります。

女性でも男性に同じことを感じます。

たとえば、帽子を落としました。

「落としましたよ」と拾ってくれる時に、ホコリを払うしぐさがあります。

ホコリを払わない人もいます。

新幹線の中で車掌さんが検札をする時の切符の渡し方でも違います。

スタバでコーヒーを手渡す時の感じも違います。

モノの受け渡しの瞬間に、いい女かどうかが決まります。

あらゆるモノとの接し方がそこに出るのです。

いい持ち方は、赤ちゃんの持ち方や子犬の持ち方です。

コートやカバンを、ひよこを持つように持つことができることです。

小さい赤ちゃんに触れたことがない人は、花の持ち方もぞんざいです。

これはお茶やお花を習っているかどうかの世界ではないのです。

20

スタイルを持つ女性になれる方法

モノを持つ時、大切に持とう。

Method

21

明るい小声で話す。

キリキリ仕事をされると、見ていてしんどいです。
一生懸命は、本人の中で完結します。
そこに悲壮感が漂うと、「痛い人」になります。
仕事でも、ダイエットでも、勉強でも、
「私はこんなに頑張っています」
という悲壮感が出ているのです。
たしかに一生懸命です。
器が小さいまま頑張っていると、こぼれた部分で悲壮感が漂うのです。
そうならないために、自分の器を大きくしていきます。
まず、自分に悲壮感が出ていることに気づくのがスタートです。

悲壮感は大声に出ます。

声の大きさは自分では気づきません。

携帯電話の声がまわりの人をイラつかせるのは、日常会話より声が大きいからです。

電車などで「携帯電話のご使用はお控えください」と言われます。

まったく問題ありません。

気を使って話してくれれば、どんなに使ってもらってもいいのです。

「すみません、今、電車の中なので……」

と、小声で話している人がいます。

それぐらいなら、「続けてください」と言いたくなります。

小声のトーンで話せない女性は、けっこう多いです。

音量のツマミがないのです。

男性は小声を使えます。

男性でも、オヤジは小声がありません。

これはオバサンも同じです。

大きい声は誰でも出せるのです。

吉永小百合さんは小声の感じがします。

これがいい女の声のトーンです。

男性でも、役所広司さん、渡辺謙さん、中井貴一さん、佐藤浩市さんなどは、みんな小声で、ささやきを使いこなしています。

キリキリしている人は、うまくいっている時も、うまくいっていない時も、声が大きいのです。

ゴキゲンではしゃいでいる時に声が大きくなるのは、品がありません。

声とファッションとは連動します。

大声で話している人は、ファッションがけばけばしくなります。

香水もきついです。

光り物をジャラジャラつけています。

服はアニマルプリントです。

自分の器を大きくするには、自分の中に小声モードを持てばいいのです。

21

スタイルを持つ女性になれる方法

「大声になっていること」に気づこう。

Method

22

「なるほど」と言える。

人の話を聞く時に、「なるほど」と言う人と言わない人がいます。

ボキャブラリーとして「なるほど」を使えないのです。

「なるほど派」か「でも派」かに分かれるのです。

「なるほど」と言える人は、イニシアチブをとれます。

サービスで「でも」と言う人は、愛されません。

「でも」と言う人と「なるほど」と言う人が議論すると、「なるほど」の人が勝ちます。

「でも」と言うと、相手は黙ります。

それ以上話しても仕方がありません。

男性は、女性の「教えて」という言葉に弱いです。

この話を聞いた人が「教えて」を使ってみました。

「これ教えて」

「これはこうするんだよ」

「え、でも」

これでアウトです。

「教えて」という言葉を使わなければよかったのに、と思うような結果です。

これは日本語力の問題ではなく、その人の思考回路の問題です。

本を読んだり映画を観ても「でも」と考えていると、びっくりがありません。

それでは何も吸収できません。

「でも派」の人は、「なるほど」と言うと、負けたと感じます。

情けない自分を認めたと解釈しているのです。


「なるほど」は1回がいいです。


「なるほど、なるほど」と言うと、話を聞いていない感じがします。

ひとり言の「なるほど」が言えることが大切です。

22

スタイルを持つ
女性になれる方法

「でも」で話し始めない。

「『なるほど』と言ってごらん」と言うと、心をこめないで言う人がいます。

「なるほど」と言っていることを主張する感じです。

その言い方は「でも」のトーンです。

「『なるほど』って言わないよね」と言うと、

「なるほど。『なるほど』って言ってます」となります。

あとの文章がつながっていません。

「ああ、なるほど。言ってなかった」というのが自然な「なるほど」の言い方なのです。

Method 23 質問を、一番にしよう。

質問にもマナーがあります。
大きい会場で講演をすると、最後の質問が終わったあとに
「すみません、もう1ついいですか」
と手を挙げる人が必ずいます。
これはファウルです。
その人は、いつもこういうファウルをしています。
そういう人生を送っているのです。
どこに行ってもこの生き方をしています。
講師も参加者も、帰りの電車の時間から逆算して終わる時間が決まっています。

そこで「もう1問いいですか」と自分が言ったあと、どうなるかということも予想する必要があります。

「すみません、電車の時間があって、これに乗らなくちゃいけないので今から走っていくんですけど」と言うと、感じ悪い人になります。

自分が質問をすることによって誰かが感じ悪い人になることが起こらないようにすればいいのです。

場の空気が悪くなるような質問はしないことです。

今と自分の行動の先にはハッピーが待っているようにします。

その場のみんながハッピーにつながるかどうかを想定して、自分の行動を決めればいいのです。

今自分がこれをすることによって、その場のみんながハッピーになれないことはやらないことです。

先のことを考えないでとりあえず自分だけが行動していると、その人はまわりから今どう見られているかに気づけません。

たとえば、大勢の人が手を挙げている時に、「質問が3つあります」と言うのはおかしいと気づくことです。

1人でそれだけの時間を独占することがどうなのか考えていません。

質問される側になると、わかります。

話す側よりも質問をする側のほうがはるかにレベルが高いのです。

だから、差がつくのです。

23

スタイルを持つ女性になれる方法

「ほかの人が、してからする」のをやめよう。

Method

24 いい男といると、自分のマナーを見直せる。

いい男とつき合いたいと思うなら、いい男と不似合いな女性にならないことです。

たとえば、一緒に行ったいい男はちゃんとしたお作法で食べていて、自分はちゃんとしたお作法で食べていませんでした。

「これは不似合いだ」と気づくセンスが必要です。

レストランでごはんを食べる時にケータイを見る人がいます。

いい男は人がいる前でケータイを見ません。

この落差感に気づくことです。

ところが、女子会に行くと全員テーブルにケータイを並べています。

それが当たり前になります。

残念なカップルは、レストランで2人ともケータイを見ています。

料理が届いてお店の人が説明しようと思っても、その料理が冷めてもケータイのメールに夢中です。

連れの男性がケータイを見ているので、女性もマナーがよくないことに気づかないのです。

自分だけが恥ずかしいことをしていると気づけるかどうかです。

これがいい男と一緒にいることの必要性です。

マナーは自分の中にあるのではありません。

自分と相手の間にマナーがあるのです。

相手のマナーが悪いと、自分のマナーが悪くても違和感がありません。

いい男のマナーに気づくのが、いい女なのです。

24
スタイルを持つ
女性になれる方法

マナーのいい人から、学ぼう。

3章

いい女は、思い込みを捨てて自由。

Method

25 きちんとしたお作法が、セクシーだ。

男性は、きちんとしている女性にセクシーさを感じます。

きちんとしていない人にセクシーは感じません。

セクシーの基準は、どれぐらいきちんとしているかです。

セクシーさは、きちんとしているところと、そうでないところとの落差に出ます。

きちんとマナーを知ってお作法どおりに振る舞うほうがセクシーです。

セクシーさはマナーをはずすことだと思うのは勘違いです。

マナーをはずすためには、まずマナーを知る必要があります。

そうしないと、今自分がマナーをはずしているのかどうかわかりません。

ただメチャクチャやっているだけになります。

花街の舞妓さんたちはお作法を叩き込まれます。

セクシーは叩き込まれていません。

それなのにセクシーなのは、きちんとしているからです。

男性が女性の制服を好きなのも、きちんとしているからです。

くずすのはそれほどむずかしくありません。

きちんとしていることのほうがよほどむずかしくてセクシーです。

「きちんとしたやり方はわかるんですけど、くずし方がわからない」と言うのはウソです。

お作法を知らないと下品なセクシーになってしまいます。

ただエロいだけです。

エロいとセクシーの違いはそこです。

エロいはセクシーではありません。

きちんとしたお作法を身につけることがセクシーさにつながるのです。

25

スタイルを持つ女性になれる方法

くずし方より、きちんとしたやり方を覚えよう。

Method 26
モノに向かって、ほめよう。

ほめることは見返りのない作業です。

1人でお弁当を食べた時に、「これはなかなか」というのはひとり言です。

これがほめるということです。

ほめベタな人は、対人間ばかりを考えます。

範囲が狭いのです。

ほめ上手になると、モテると勘違いしているのです。

ふだんから人間よりモノと接する時間のほうがはるかに長いです。

まずモノをほめます。

ごはんを食べて、「新米がやわらかめに炊いてあって、こういうの好き」というひとり言の段階があります。

「これ、今日は誰が炊いたの？」
と次のステップに入ります。
そこで初めて人間が出てきます。
ほめるためには、まず感じる必要があります。
感じていないのに、ほめるボキャブラリーだけ覚えようとする人がいます。
ほめるのに言葉はいりません。
女性をラーメン屋さんに連れて行きました。
ひと口食べて「んっ」と言い、怒ったような顔になりました。
これで十分満足感が伝わります。
表情が1つも変わらずに「おいしいです」と言われてもつまらないです。
「んっ」というびっくりした感じだけで言葉はいりません。
彼女はそのままもうひと口スープを飲みました。
これはほめているのです。
ほめるというのは感じることです。

26

スタイルを持つ女性になれる方法

ほめるより、感動しよう。

Method

27

いい女は、びっくりできる。

セブン-イレブンのロゴは「ELEVEn」です。

最後の「n」が小文字なのは、普通は不思議です。

先日、TV番組の再現ドラマで、「まず2人は腹ごなしにハンバーガーショップへ寄った」というナレーションが入っていました。

本来は「腹支度」です。

「腹ごなしに」とナレーターがきっちりきれいな声で言っていたのです。

TVでは、意外にこういうことは多いです。

やっている側は気づかないのです。

そこで「あれ?」と気づくことが必要です。

「ここのデザインが凝っている。面白い」

「あれ、なんで小文字なの？　面白い」

と、日常生活の中に工夫や美を感じることです。

ディズニーランドや旭山動物園に行って気づくことだけではありません。

日常生活の中でびっくりすることに気づくことです。

セブン－イレブンのロゴが、最後の「n」だけなぜか小文字だということにびっくりすることが大切なのです。

27

スタイルを持つ女性になれる方法

不思議なことに、気づこう。

Method

28

固定概念という箱から、抜け出す。

世界地図のメルカトル図法だけが世界地図ではありません。

南半球に行くとひっくり返っているものもあります。

日本が世界の真ん中にあるのは日本の地図です。

アメリカの地図では日本は端っこにあります。

最近見た地図で一番面白かった世界地図は、日本が下にありました。

「ああ、そうか、90度回転したものもあるんだ」と驚きました。

通常は、日本にある世界地図では、日本は真ん中にあります。

アメリカ大陸、ユーラシア大陸を除いて、90度回転させると日本が下になります。

世界の文化はローマ文化、ギリシャ文化、インド文化、中国文化と流れていきました。

世界の四大文明で始まったものが全部日本へ流れ込んでいます。

90度回転させると、日本はパチンコ台の最後の口のようです。

世界地図を90度回転させることによって、「なるほど、世界のあらゆる文化が日本に流れ込んできているんだ」と見立てることができます。

日本はパチンコ台の口で、すべての玉が日本に来るという見方です。

これはデザインです。

デザインをすることによって、物の考え方が変わるのです。

考え方の固定概念という箱があって、みんなその箱の中に生きています。

固定概念の箱の中にいる状態から、その箱がどんどん小さくなるのが老化です。


固定概念の箱をどんどん広げていくことが、脳が若い状態です。


これを知性と言います。

箱が狭くなる人は、何が正解か間違っているかを考え、間違っているものはかりになって楽しめません。

脳が老化してくると、楽しくない人生になります。

怒ったり、グチを言ったり、「あなたの言っていることは間違っている」と説教ばかりしています。

日常生活において見たものを「それ、面白いね」と感じられることが大切なのです。

28

スタイルを持つ
女性になれる方法

見たことないものを、面白がろう。

Method 29 いい女は、首に何も巻かない。

身だしなみの勝負は、首です。
いい女は、首まわりに何もつけていません。
いい女モドキは、とにかく首まわりに巻くのが好きです。
モコモコになって、首をすくめています。
寒がりの人も多いです。
何かを巻くと肩甲骨がかたまって、よけい寒くなるのです。
オシャレな人ほど首を見せています。
男性は鎖骨が好きというのは、ウソではありません。
鎖骨まわりを見せて欲しいのです。
いろいろな巻き物をして首を縮めていると、結果として、姿勢が悪くなります。

背中が丸くなって、胸が下に行って、お尻が下がってきます。

結果、首のところにシワが入るようになります。

その人の高貴さも洗練さも、首まわりに出るのです。

首まわりにモノを巻かないのが、いい女のファッションです。

首にシワができると、それを隠そうとして、よけい巻くことになります。

本人は巻いている意識はありません。

無意識に、タートルネックを着て、スカーフをして、マフラーを巻いています。

いい女モドキは、とにかく首を隠したがるのです。

29

スタイルを持つ女性になれる方法

首を、隠さない。

Method
30
結果をあせらないことで、ストレスはなくなる。

アンチエイジングの効果は、見えにくいものです。

思い込みの強い人は、効果を感じられます。

目的を立てたら、どうしたらストレスがたまらないか、長期戦略を立てるのです。

これに最も近いのがダイエットです。

ダイエットでは、いくら走ってすぐはかりに乗っても、体重は減っていません。

逆に増えていることもあります。

昨日食事を抜いたのに、今日体重が増えていると知ると、それがストレスになって「ああ、もうダメだ」とやめたくなります。

アンチエイジングは長期的な効果で考えることです。

今日・明日結果が出なくてもいいのです。

5年後、10年後、20年後、30年後に結果が出るようにやろうと思えば、一喜一憂しないで済みます。

一喜一憂していると疲れます。

お医者さんに「先生に言われてこんなにサプリを飲んでいるのに、効果が全然感じられないんですが」と文句を言う人は、別のお医者さんにかえます。

ドクターショッピングをしてしまうのです。

それを続けていると、長期的な作戦が立てられなくなります。

アンチエイジングは、死ぬまでつき合うプログラムです。

結果は10～20年後という長期的な気分でいれば、今日・明日どうなろうが大丈夫でいられます。

1カ月後には、誰かが気づくし、自覚もできます。

10年で考えていたことがこんなに早く結果が出た、うれしいと感じられることで続けていけるものなのです。

30

スタイルを持つ
女性になれる方法

結果を、あせらない。

Method

31

自分のコンプレックスを、ネタにする。

人間は、長所だけが魅力ではありません。

短所も魅力になります。

コンプレックスがカッコ悪いのではありません。

コンプレックスを隠すのがカッコ悪いのです。

コンプレックスを肯定して、ツッコミどころにすればいいのです。

自分のみっともないところをネタにできると、それは魅力になります。

隠すと魅力にはなりません。

たとえば、「私、胸にシリコン入れてるんだけどさわってみて」と言える女性はいい女です。

「ほかのところは全部ＯＫだけど胸は見ないで」と言う女性は、シリコンを入れた意味があまりありません。

整形がいいか悪いかではありません。

「シリコンを入れたのがバレたら恥ずかしいからさわらせたくない」と言うと、そこで大きな何かを失っています。

エッチでくつろげません。

「ここはさわってはいけないところなんだ。さわらないように気をつけないと」となると、シリコンを入れたことがマイナスになってしまうのです。

31
スタイルを持つ女性になれる方法

コンプレックスを、隠さない。

Method

32

「ハイ」の言い方で、テンションが変わる。

リアクションとテンションは連動しています。

日常生活で、「すみません」と言われた時の「ハイ」という返事が、その人のテンションの高さをあらわします。

アドバイスをした時に、「ハイ」のテンションがどうなっているかということです。

テンションの低い返事をしたら、ここでチャンスを失います。

「ハイ」を言う時に、息がひとつも流れていないのです。

知らないうちに「ハイ」のテンションが下がっていても、自分では気づきません。

こういう人は、けっこう多いです。

「ハイ」のテンションは、子ども時代につくられます。
私は高校の時に空手をやっていました。
道場での「ハイ」は、気合を入れないと怒られます。
私は会社に入ってから「声が大きい」と叱られました。
みんなが振り返るほどだったのです。
私の中では普通です。
これは10代のころに、すでに「ハイ」を叩きこまれていたのです。
テンションの暗い「ハイ」は、本人に悪意はなくても、面接は通りません。
これは立て直したほうがいいのです。
文字にすると、同じ「ハイ」です。
本人には、まったく違和感がありません。
これまで多くのチャンスをこの返事で逃してきたのです。
映画に誘われて、本人はウキウキでガッツポーズです。
ところが、「ハイ」のテンションが暗いのです。

イヤなら別にいいのです。

本人はノリノリなのに、相手からは「あまり乗り気でないんだな」「ムリヤリ誘って悪かったかな」と思われるのです。

リアクションやテンションは、自分の中ででき上がっています。

自分の「ハイ」がどういうテンションなのか、一度聞いてみることです。

32

スタイルを持つ女性になれる方法

「ハイ」が暗いことに気づこう。

Method 33 プレゼントのコツは、小さなモノで。手紙をつけて。

誕生日やバレンタインデーには、男性はたくさんプレゼントをもらいます。

名古屋の引き出物のように大きさで勝負しようとすると、荷物になって大変です。

その日1日、大荷物を持ち歩くことになります。

それよりは、男性のコートのサイズを見て、そのポケットに入るプレゼントを渡すほうがいいのです。

地方の講演に行くと、プレゼントを下さる人がいます。

男性は荷物をたくさん持つのが嫌いです。

最小限のカバンにして、荷物も1グラムずつ削っています。

そこで土産物の大きな紙袋を渡されると、つらいのです。

プレゼントをくれる人は、

「お荷物になりますが……」

と言いながら、大きなモノをくれるのです。

相手の感覚としては、「荷物が少ないから、まだ持てるでしょう」と思っているのです。


荷物が多いのはオシャレではありません。


プレゼントを渡すとしたら、小さいモノにします。

または、あとで送ることです。

プレゼントに手紙がついていると、うれしいです。

大きいプレゼントには、手紙がありません。

これは共通しています。

プレゼントを渡す時は、その人のカバンと服の状態を見て、そのあとどこに行くかも考えて、渡すタイミングを想像します。

「自分はこれを渡したいから」というのは、自分軸で考えています。

相手の側に立って、迷惑にならないプレゼントを考えることが大切なのです。

33

スタイルを持つ
女性になれる方法

プレゼントを、小さくしよう。

4章

女を下げる習慣は、やめよう。

Method

34 いい女は、1人でいる。

女子会は、いい女から一直線に遠ざかる道です。

いい女は1人でいます。

女子会だろうが男女がまじっていようが、いい女になれるのは1人でコツコツ頑張っている瞬間です。

1回行けば、「ここにいたら自分のランクは下がる」とわかります。

「出てくる話はワクワクするようなものではなく、グチ・悪口・ウワサ話しかない」

「なめ合いしかない」

「来なくなった人の悪口を言う」

というので成り立つのは、気づかない人たちの集団だからです。

そこにはどんよりした空気が漂っていて、それに感染してしまうのです。


女子会にいる人で、いい女は見たことがありません。

いい女で、「今度、友達に紹介するから」と誘う人はいません。

ある時、「すごく面白い人がいるから」と私を誘ってくれる人がいました。

行ってみると、1つも面白くありませんでした。

何を面白いと感じるかは好き嫌いではありません。

レベルの問題です。

「この程度のことを面白いと感じるんだ」ということに気づかないレベルに落ちないことです。

合コン、女子会は自分を一直線に劣化させていくコースです。

私はレストランの研修をしています。

レストランの側からすると、女子会はお客様として来てもらえるので必要ですが、いい女を見たことがありません。

いい女は、必ず1人かカップルで来るのです。

34

スタイルを持つ
女性になれる方法

女子会を、卒業しよう。

Method 35 お肌の老化より、知性の老化のほうが怖い。

自分の腕時計をいったん隠して、ベルトやディテールまで細かく描いてみてください。

これは絵のうまい、ヘタではありません。

文字盤の数字はローマ数字やアラビア数字もあれば、1〜12の全部ではなく、12・3・6・9と4カ所だけの場合もあります。

宝石がついていると、宝石を多めに描く人がいます。

描き終えたら、時計を出して自分の絵と見比べてみます。

たいていの人は、時計をよく見ていなかったことがわかります。

ジロジロ見るのは買う時だけです。

ふだんは時間を見るだけです。

寝る時とお風呂に入る時以外は、ずっとつけているものが見えていない状態になっているのです。

大切なのは、時計をよく見ていなかったことに気づくことです。

釣った魚にまったくエサをあげない状態です。

どこかで落としても、どんな時計か言えなければ返ってきません。

「自分の時計には金の縁があったはず」と間違えて思い込むのは、欲張りな人です。

よくある傘の間違いはこれです。

必ずいい傘を持って帰ってくるので、後に残るのはしょぼい傘になります。

日常から観察力を身につけておけばいいのです。

時計を見る時にディテールは気にせず、時間や効率だけを見る人は脳が老化します。

ふだんは意識して見ていなくても頭の中のビデオを再生して思い出せる人は、脳が若いということです。

見ているつもりで何も見ていないということに気づくことが大切なのです。

お肌の老化に関しては多くの人が気にします。

「肌の老化」、「夏までに○センチやせる」、「脂肪が……」など、ルックスやスタイルに関しては誰もが気にします。

ほったらかしなのは脳の老化です。

脳が老化することに関しては、怖がっていないことのほうが怖いのです。

35

スタイルを持つ女性になれる方法

≫

知性の老化を、恐れよう。

Method

36 肌の状態の悪い女性は、気持ちの乱高下が激しい。

女性の肌は目立ちます。
肌の状態に健康状態が出ます。
肌は一番命にかかわりのない部分です。
体に入ったたんぱく質は、まず心臓→脳→血管にまわり、肌・髪の毛・爪は最後です。

健康状態は、肌の状態で一番差がつきます。
その人の健康状態のあふれ具合が、最後に出るのです。
健康状態から精神状態が生まれます。
肌の状態の悪い人は、気持ちの乱高下が激しいのです。
男性が一番つらいのは、女性の気持ちの乱高下です。

ずっと不機嫌なら、トーンを合わせられます。

ゴキゲンかと思ったら、急に不機嫌になるのです。

ジャンクフードを食べていると、肌がブツブツになります。

肌の状態は、親とか遺伝とかの問題ではありません。

肌は毎日生まれ変わっています。


その人の食生活と精神状態が肌に出るのです。


男性が女性の肌を見るのは、エッチな気持ちからではありません。

直感的に、その人の精神状態を見ているのです。

男性は素肌が好きです。

ファンデを塗りたくっていると、ますます肌が荒れます。

「食生活が悪い」→「肌が荒れる」→「荒れた肌を隠すために濃いファンデを塗る」→「濃いファンデで毛穴を詰めて、ますます肌を傷める」という負のスパイラルに入ります。

男性は、「こんな女性に近づいてはいけない」と、本能的に感じるのです。

36

スタイルを持つ
女性になれる方法

正しい食生活で、気持ちの乱高下を抑えよう。

Method

37

まわりが変わるのを待たない。自分から変わる。

①　体に悪い安価なものを使っている安いもの
②　体にいい高価なものを使っている値段の高いおいしいもの
とがあります。

それを選ぶのはあなた自身です。

どんな過酷な環境になっても、「社会が悪い」「地球環境が悪い」と言っていたら、自分自身が社会に依存する形になります。

どんな環境であれ、自分自身を変えていくことです。

それが1人1人に増えていって、結果として社会が変わるのです。

社会が変わるのを待っていたら、寿命が間に合いません。

社会が解決することを待つのではないのです。

あなたがまず変わることです。

37

スタイルを持つ
女性になれる方法

「まわりのせい」にしない。

Method
38
いい女は、捨てることで、アウトプットする。

本を書くということは、アウトプットです。

本を書くのにアイデアが出ない時は何かを捨てます。

アウトプットすることでアイデアが生まれるのです。

アイデアが出ないから「服を買いに行こう」「本を買いに行こう」と言っていると、アイデアは出なくなります。

アイデアを出すために本を増やそうとしても、アイデアは出ません。

アイデアが出ない時は、本を整理して一遍捨てます。

あふれた本棚を整理していると、同じ本がたくさん出てきます。

それを捨てるのです。


何かを捨てる時に人間は学べて、次のアイデアが浮かびます。

捨てるという行為は、人間の脳を激しく活性化するのです。
捨てるには勇気がいります。
取っておくと、脳は活性化どころか、ボケボケのお休み状態になります。
とりあえず取っておいても、決断の先送りをしているだけです。
捨てることで、脳にビンビンに電気が走ります。
CTスキャンにかけたら真っ赤に見える状態になるのです。
その時にアイデアが浮かびます。
芸術家の脳も同じです。
本を書くことが、私にとってのアウトプットです。
楽しくて仕方ないのです。
捨てることをテーマに集めた、自分の頭の中のデータベースから吐き出しています。
インプットしてきたことをアウトプットしていると、時間はあっという間にたちます。

時給に換算したら、いくらにもならないほどの時間をかけて考えているのです。

イラストを描いているとあっという間に時間がたつのは、楽しいからです。

「こんなに時間をかけていてはいけない」というくらい時間をかけることで、すぐれたアイデアがわきます。

インプットしている時は、インプットだけです。

10をインプットしたら10しかインプットできません。

アウトプットは、10のところを100にできます。

その分、時間がかかるのです。

出そうとする瞬間にアイデアが次々わきます。

アイデアが足りないと感じてどんどん入れようとするから、10のインプットで10しかアウトプットできないのです。

アイデアが足りない時に大切なのはアウトプットです。

捨てるという言葉は、ネガティブに感じます。

捨てる作業はアウトプットなので、ポジティブな行為です。

38

スタイルを持つ
女性になれる方法

≫

教わったことを、即実行してみよう。

Method
39
前の人に、隠れない。

授業などの少人数の場合、前の人に隠れる人がいます。
この人とはつながろうという気持ちがなくなってしまいます。
話す側からすると、後ろへ後ろへ座ろうとする人です。
講演会では質問タイムがあります。
後ろの人から出てくる質問はグズグズです。
私は当てません。
通常、会場の後ろを温めようとして後ろの人を当てようとします。
後ろの人からの質問はグダグダ話して何を言っているかわかりません。
後ろの人は当てないほうがいいです。
前の人からはいい質問が出るのです。

その日の調子で随分違います。
ビジネススクールの授業は2週間に1回あります。
調子の悪い時は誰かの後ろに座ります。
調子のいい時は講師から見えるところに座ります。
それは、講師とつながりたいという意思表示です。
ライブに行って、恥ずかしがって前の人の後ろに隠れるのはおかしいです。
聞き方で大切なのは、恥ずかしがらないことです。
遠慮していると嫌われます。
いい女は、あつかましいのです。

39
スタイルを持つ女性になれる方法

≫

一番前に、座ろう。

Method
40
いい女は、笑いながら真剣。

テンションを殺してしまうものが「照れ」です。
照れるとエネルギーは死んでしまいます。
何かイヤらしい空気が流れます。
照れると真剣味は伝わりません。
恋愛においては、「本気」「なりきる」「ロマンチック」なことが大切です。
笑いながら真剣であることが、ベストです。
照れている人に笑顔はできません。
本当に真剣な人は、ちゃんと笑えています。
笑えていない人は、真剣味が足りないのです。
暗い真剣は、ただ暗いだけなのです。

40

スタイルを持つ
女性になれる方法

真剣に、笑おう。

Method 41 母親を好きになると、自分のことも好きになる。

「自分が嫌い」と言う人は、母親が嫌いです。

自分を好きになるためには、母親を好きになることです。

母親が好きならみんな自分を好きになれます。

「私はお母さんが大好きなんです。でも、私、自信がないんです」と言う人がいます。

一緒に写っている写真を見ると、「これならお母さんとつき合うよね」と思うほど、お母さんのほうが若く見えるのです。

自信のない女性は、母親と競争しているのです。

「お母さんはこんなに美人なのに、私はなんでいい女じゃないの」となっているのです。

それはお母さんを否定しています。

本人は「お母さんのことが好き」と言いますが、競争している時点でお母さんのことが好きではありません。

好きな人や尊敬する先生とは競争しません。

好きな人と競争するというのは、その人の使う「好き」という言葉のレベルが間違っています。

「好き」は歯が立たないものなので、もはや無条件降伏するものです。

趣味にしても同じです。

好きな友達とは競争しません。

競争するのは、「ちょっと好き」というレベルです。

嫌いな人とは負けたくないから競争します。

好きな人に負けても悔しくありません。

むしろ負けてうれしいくらいです。

「やっぱり、さすが」と思い、そこから少しでも学ぼうとします。

学ぼうとする人間は、マネはしますが競争はしません。

これが自分を好きになることにつながるのです。

「かなわない相手を好きになれる自分が好き」という気持ちになれます。

ところが、競争をすると、負けている自分が嫌いになります。

競争し始めると、答えに勝ちはありません。

結局は負けになるのです。

41

スタイルを持つ女性になれる方法

母親を、好きになろう。

Method
42 「で？」と言われたら、アドバイスしたくなくなる。

2回繰り返してもいい言葉は、「それで、それで？」です。
語尾上がりのイントネーションです。
これに対応するダメな例は、「ああ。で？」です。
こちらは相談にのっているのです。
こちらが頼んでいるわけではありません。
「このまま行ったらこうなるから、こうしたらどう？」とアドバイスします。
それに対して、「ああ。で？」と言うのです。
とてもかわいらしいコなのに、「で？」がログセなのです。
部下にこれを言われたら、アドバイスしている上司もイヤになります。
もう一度会いたいかどうかは、感情で決まります。

頭がいい悪いは、いっさい関係ないのです。

42

スタイルを持つ
女性になれる方法

≫

「それで、それで？」と身を乗り出そう。

Method

43 ほかの人の話も、楽しんで聞く。

いい女モドキは、ほかの人の質問は一切聞きません。

自分とは関係ないと思っているからです。

話し手としては、1人からの質問でも全員に向かって話します。

感じのいい人は、ほかの人の質問を、まるで自分がしたかのように「あ、そういうことってあるな」と思って一生懸命聞きます。

自分が質問したことは誰でも一生懸命聞きます。

ほかの人の質問も一生懸命聞くことが肝心です。

時々、自分が質問したのに一生懸命聞いていない人がいます。

その人は質問をしたことで終わっているのです。

それは、その人が聞きたかった質問ではないということです。

いい女は、「一般によくこういう人っていますよね。こういう人はどうしたらいいですか」と一般論での質問もしません。

質問は、「私はこうなんです」と自分のこととして聞きます。

いい女は、
「私はこうなんですけど、どうしたら〇〇できるようになりますか」と自分を変えるための質問をします。

いい女モドキは、「うちの上司を変えるにはどうしたらいいでしょうか」というような他人を変える質問をします。

「私はできているんです。先生のおっしゃることを上司に言ってほしいんですけど。人の言うことを聞かない人はどうしたら聞くようになるんでしょうか」

「コミュニケーションができない人と、どうしたらコミュニケーションできるようになるでしょうか」

と他人のことばかり聞いているうちは、成長しないのです。

43

スタイルを持つ
女性になれる方法

自分のことを、質問しよう。

Method 44 いい女の服装は、大人っぽくて、シンプル。

いい女モドキの服装は、子どもっぽいです。

若いのではなく、幼いのです。

いい女の服装は、大人っぽいです。

いい女は、プラスアルファ上の年齢の服を着ています。

今の年齢の服を着ている人は、ずっと前からその服装です。

年相応の服を着ている人はいないのです。

自分の年より幼い服を着ているか、自分の年より上の服を着ているかです。

上の服を着ると、最初はギクシャクしますが、その服装から教わるのです。

若く見せようとしている時点で、子どもっぽい服装になります。

持っているネックレスも全部つけています。

シンプルさとは、ほど遠いのです。
子どもっぽい服装はババくさいのです。
ネックレスを修行僧のようにジャラジャラと首にさげている人がいます。
まるで数珠です。
これはババくさいです。
ネックレスは、姿勢がよくて首筋が伸びないと決まらないのです。
アクセサリーや小物は、自信がなくなるとたくさんつけ始めます。
いい女は、アクセサリーや小物類をほとんどつけません。
頑張れば頑張るほど、いい女モドキになります。
ピーコさんにも「持っているもの全部つけてくるんじゃないわよ」とツッコまれます。
お葬式では、アクセサリーをジャラジャラつけられません。
それが最もいい女に見えます。
結婚式よりお葬式の時のほうがオシャレです。

結婚式は、オシャレではないのです。
頭に大きいハイビスカスをつけているのと同じような感じです。
制服だけで十分清楚です。
制服を着て髪の毛にハイビスカスをつけられたら、キャバ嬢になるのです。

44

スタイルを持つ女性になれる方法

≫

子どもっぽい服を着ない。

Method

45

目の輝きは、驚きから生まれる。

1000人の会場で講演をしても、輝いている人は光って見えます。
人間は驚く時に電気がつくのです。
目からも体からもオーラが出ます。
オーラがあるのは驚いている人です。
一方で、全然驚かない人がいます。
その人は驚いたら負けると思っているのです。
「知っている」と言われると、その人に続きの話をしたくなくなります。
「教えて」と言われて教えてあげると、
「いや、それは違ってこうこうで……」と言う人がいます。
知っているなら聞かないほうがいいです。

「教えて」と言ったのは、自分が知っている知識を披露するためのキッカケにすぎないのです。

教えてあげた人は続きの話をしなくなるので、それ以上の被害はありません。

常日ごろから、空の色や小さいことで驚いている人は輝いています。

雪が降った次の日はみんな雪かきをします。

大通りは雪がなくなっていますが、裏道に入るとまだ雪が残っています。

そういう小さいことにも驚ける人は、大きいアクシデントが起きた時に堂々としています。

ふだんから驚きを積み重ねているからです。

ふだん驚きを隠している人は、何か予定外の事態が起きた時に動転します。

半狂乱になったりします。

女性が半狂乱になっている姿は男性が最も冷める瞬間です。

「あれ、いい女だと思っていたのに。こういうところがあるんだ。これが本質なんだ」となると、男性は離れます。

364日いい女で、1日が半狂乱でも離れます。

その人はふだんから小さなことに驚けていないのです。

自然界は驚きに満ちています。

「毎日面白いことがない」と言う人がいます。

驚くことがあって、さらにそこから面白くなるのです。

私は女性に手品を見せて、そのリアクションで「このコはかわいい」と思えるかどうかが分かれます。

手品を見せても、「ハア？」というリアクションの人もいます。

想像力がないのです。

驚くためには、頭の中でいろいろなことを空想したり想像したりする力が必要です。

ディズニーランドに行って「たかがネズミでしょう」と言われたら、シラけます。

驚ける人には想像力があります。

一緒に物語を話せます。

こちらが物語を話しているのに相手に説明をされたら、話はかみ合わないのです。

45

スタイルを持つ女性になれる方法

想像力を働かして、驚こう。

5章

いい女は、工夫でツキを呼ぶ。

Method

46

トキメキに、年齢制限はない。

姿勢をよくすればチャンスをつかめます。

これはすべての職業、すべての年代に共通しています。

70歳、80歳、90歳でも出会いがあります。

これからトキメく恋に出会うこともあるのです。

67歳の京都の知人は、手相の先生に「あなたは97歳でブレイクしますよ」と言われてガッツポーズをしました。

67歳のお誕生日を迎えた日に、

「お誕生日おめでとうございます。57の……」と言いかけると、

「先生、27歳になりました」と言われました。

リアクションの速い人は、魅力的です。

姿勢のいい人が、リアクションが速い。
人生は、姿勢をよくすると楽しくなります。
楽しいと、もっと楽しいことが起こるのです。

46
スタイルを持つ
女性になれる方法

「年齢のせい」にしない。

Method
47
勉強すると、白紙になれる。

10歳の子どもに比べると、50歳の大人のほうが、明らかに体験量は5倍です。

それなのに、子どものほうが表情豊かです。

この差は何かということです。

子どもはインプットの量が少ないので、なんでもびっくりします。

いわば、白紙の状態です。

いろんなことを経験して50歳になると、少々のことでは驚かなくなります。

ハッピーなことがあっても、「どうせあとで何かオチがあるに違いない」と疑うのです。

すべての経験が「どうせ○○なんでしょう」につながっています。

過去の体験に引きずられて、心の中が白紙になっていないのです。

勉強すると、いつも白紙の状態でいられるようになります。

歳をとると、先入観のかたまりになります。

笑わない、悲しまない、怒らない、ドキドキしない、すべての喜怒哀楽が押さえつけられてしまいます。

過去の経験の中で慣らされてしまうのです。

おいしいものに出会った時も、「どうせ人工甘味料かなんかが入っているんでしょう」となって、純粋に「おいしい」「びっくり」ということがなくなるのです。

「どうせタネがあるに違いない」

「裏で誰かが糸を引いているに違いない」

「ここでおいしいと言ったら、自分の負け」

と、裏のことばかり考えています。

これでは表情は出なくなります。

心の状態を白紙にできることが、若さです。

歳をとると、これがなかなかできなくなります。

子どものほうが、圧倒的に有利です。

経験が増えれば増えるほど、いろんなことが起こります。

年をとっても、心の中を白紙にできる人がいろんな経験を積んでいくと、圧倒的に強くなります。

経験が多い大人で、いつでも心を白紙にできる人が、最も豊かに物事を楽しめるのです。

47

スタイルを持つ女性になれる方法

知らないことを知るために勉強しよう。

Method 48 つき合う相手で、自分のグレードが決まる。

誰と仕事をし、誰とお茶を飲み、誰と話をしているかでグレードが決まります。

ダンスの世界では、男子をリーダーと言います。

プロにはAクラスからEクラスまで5階級あります。

リーダーにはクラスがありますが、女子にはありません。

どの男子と組むかでパートナーとしての女子のクラスが決まります。

一見、不合理です。

これはイギリスの貴族社会の考え方です。

さすが深いです。

グレードを上げたいと思うなら、いい男とつき合えばいいのです。

ちやほやしてほしくて自分より下のランクの男性とつき合うと、結局自分のグレードが下がってしまいます。

いい男を見きわめる目が必要です。

お肉のようにA5といったランクは見た目にはついていません。

年収や地位は関係ありません。

自分も磨いてレベルを上げておかないと、いい男を見きわめた時に誘ってもらえません。

せっかく話す機会ができても、「議論ばかりされたのではつまらない」と思われて、その次に誘ってもらえません。

お茶からごはんに発展しません。

「今度またぜひ……」と切り捨てられます。

東大に入りたいと思うなら、東大に入る生徒の多い学校へ行くのが一番エネルギーを得られるのです。

48

スタイルを持つ女性になれる方法

≫

つき合うレベルを、下げない。

Method

49 生まれ変わると、景色の見え方が変わる。

気づいて生まれ変わった瞬間、景色が変わります。

実際の景色が変わったわけではありません。

景色の見え方が変わるのです。

これが大きいのです。

何かに気づいて、行動して、試して、生まれ変わります。

「私、生まれ変わったでしょうか。見てください」と言われても、まわりの人にはわかりません。

「私、変わりましたか」と言っている人は、何も変わっていないのです。

生まれ変わった人は、そんなことは言いません。

景色が違うので、自分でわかるのです。

同じ美術館に行っても、同じ映画を観ても、観光で見たり、記念写真を撮っただけでは、景色の見え方は変わりません。

それはただ「見た」だけです。

「体験」にはなっていません。

同じ旅行をしても、ただの観光で終わっているか、体験になって生まれ変わっているかです。

この違いが大きいのです。

49

スタイルを持つ女性になれる方法

≫

「見る」より、体験しよう。

Method

50 品のよさは、恥をかくことから生まれる。

マナーを知らずにドキッとしたり、恥をかいたり、恥ずかしい思いをしていたことに気づくのがスタートラインです。

これが大人になっていくということです。

大人と子どもの差は、マナーを知っているかどうかです。

年だけとってマナーを知らない「年寄りな子ども」が多いのです。

それは誰も注意してくれません。

子どものころは注意してくれます。

年だけとった子どもには注意してくれないというのはつらいことです。

みっともないと思って見捨てられているだけです。

見捨てられていることも、注意されないので気づきません。

そういう人は、文句ばかり言っている人としかつき合えなくなるのです。

本人はモテているつもりで男性とお店に行っても、お店の側から見ると、

① あの人はいつもカッコいい男性を連れてきてうらやましい

② いろんな男性を連れてくるけど、いつも品のない男性ばかりだ

という2通りに分かれます。

それは、男性がカッコいいかどうかではありません。

品があるかないかです。

品はマナーから生まれます。

お店の人からどう見られているかは、サービス業をしたことのない人にはわかりません。

品を身につけるには、

① 恥をかくこと

② 恥をかいていることに気づくこと

の2つです。

50

スタイルを持つ
女性になれる方法

恥をかこう。

Method
51
リアクションがいいと、エネルギーをもらえる。

人は、リアクションのある人のところに集まります。
リアクションのある人は得です。
エネルギーをもらえるからです。
リアクションしてくれる人と話していると楽しくなります。
私の母親は、「みのさんによろしゅう言っておいて」と言うのです。
「よろしゅう言っておいてってどういうことですか」と聞くと、
「私はいつもみのさんを見ているからって、よろしく言っておいて」と言うのです。
みのさんは私の母親を知りません。
母親は、クイズ番組を「答えがここまで出ているのに」と悔しがりながら見ています。

わからなければ黙っていればいいのに、「なんだったかな」と実況中継しているのです。

これがリアクションです。

面白いことを言わなくてもいいのです。

相手の言ったことに面白いと感じるリアクションが大切なのです。

51
スタイルを持つ女性になれる方法
≫
相手の話を、面白がろう。

Method

52

手紙も写真も、量が増えると、価値が減る。

量が増えると相対的に価値が減ります。
私が高校時代の彼女からもらった手紙は3通だけです。
しかも、ノートの切れ端に書かれたものです。
ボールペンのためし書きまで入っています。
あとは小さなメモです。
手紙ですらないのです。
数が少ない分、貴重です。
写真も、この1枚しかないというほうが貴重です。
どっさりあると、ありがたみが薄れます。

今はケータイで簡単に写メが撮れるようになりました。
写真への思いが浅くなっています。
量が増えれば値打ちが出るわけではないのです。
絞り込まれたほうが、値打ちが出ます。
写真を撮ると、それだけでどこか安心しています。
本当の思い出は写真に残っていません。
昔好きな人の顔を思い浮かべるのは、写真の残っていない人です。
写真があると、現実が見えます。
写真がない女性のほうがきれいに見えます。
自分の中でベストな状態で残っているのです。
写真がないから心の中でいつまでも「かわいいコ」として残っているのです。

52

スタイルを持つ女性になれる方法

≫

短い手紙を、大切にしよう。

Method
53
笑っていると、面白くなる。

人間の魅力は、リアクションです。

就職活動でも、表情のリアクションがポイントになります。

面白くなくてもできるだけ笑っていると、リアクションの練習になります。

面白いところで笑っているだけでは魅力にならないのです。

面白くなくても、面白いに違いないのです。

これが1人1人のイマジネーションの力です。

その場が面白いかどうかは、半分は話し手、もう半分は聞き手の責任です。

隣の人が笑うと、面白くなってきます。

ドラマの撮影で、ビートたけしさんのような笑いのカリスマ役をやったことがあります。

会場は「ハイ、皆さん、大爆笑」の合図で笑います。
なかなか笑えるものではありません。
刑事役の左とん平さんは天才です。
ダハハハハッと笑うのです。
左とん平さんにつられてみんな笑います。
これがリアクションなのです。

53

スタイルを持つ女性になれる方法

≫

いい女は、一番最初に、笑う。

Method 54 お守りは、預かり物なので返す。

家の中で同じお守りが出てくることがあります。

お守りは、毎年返しに行くものです。

初詣に行くと、お守りを返すかごが置いてあります。

初詣は、お守りを「ありがとうございます」の気持ちを込めて返しに行くための行事です。

お守りを買う時は、「お願いします」という強い思い入れがあります。

返しに行くことへの思い入れはあまりありません。

2つ出てくると、「どっちが今年のだったかな」と迷います。

お守りの裏に賞味期限を書くわけにもいきません。

お守りは、返しに行くことで、新しいのを預かってくるのです。

家の中をチェックすると、いつ預かったかわからない破魔矢が出てきます。

破魔矢は棚の高いところに飾ってあります。

破魔矢がほこりをかぶっていたら大変です。

お守りは、目線よりも上に置きます。

上に置くモノは邪魔にならない分、放置状態になるのです。

初詣に行く↓お守りを返しに行くという一連の流れがないと、お守りの効能はなくなります。

うっかりしていると、お守りが何かの下敷きになっています。

積み重なった服を掘り返している時にお守りが出てきたらぞっとします。

お守りの上にうっかり座っていたのではないかと心配になります。

お守りも服も同じです。

Tシャツも下着もお守りと同じです。

下着は肌につけるものです。

そこに運気がなくならないようにすることが大切なのです。

54

スタイルを持つ女性になれる方法

片づけることで、運気を上げよう。

Method

55

オーバーアクションをする。

「冷蔵庫を買った」という話を聞いたら、「そこまでテンション上がるか」というぐらいオーバーアクションで食いつきます。

相手はそれだけでうれしくなります。

「ピザとか食べに行く？」と言われたら、「ピザといったら、コースしか食べられない」「ピザ、めっちゃ食べたかった。なんでわかったの」と言えるのがオーバーアクションです。

オーバーアクションで、悪いことは決してありません。

聞き手のテンションは低すぎるのです。

話す時は誰でもテンションが上がります。

聞き手になると、テンションが下がります。
聞き方は、こういう細かいテクニックの嵐です。
これを覚えたら、どこに行っても、何をやっても生きていけます。
友達は増えるし、チャンスはもらえます。
モテモテになるのです。

55
スタイルを持つ
女性になれる方法

200%のオーバーアクションで返そう。

Method

56

小さい縁は、大きくなる。

「縁がない」と言っている人は、大きい縁を探しています。

いきなり白馬にまたがった王子に道を聞かれると思っているのです。

これは詐欺にあうタイプです。

縁にめぐり会えるタイプは、小さい縁に気づける人です。

道端に咲く小さな花や空の青さに気づけるかどうかは、その人のセンスです。

誰かが「空が青い」と言ったら、恥ずかしながら空を見上げている自分がいます。

これは動物の本能です。

大阪では、列に並んでいる人に「何の列ですか」と聞くと、「私もわからないんです」と言われます。

とりあえず並んでいるのです。
うしろのほうは、なんとなく並んでいる人が集まって列になっています。
その列にも並んでみるのが、縁です。
大きい縁ばかり探している人は、小さい縁は無視します。
小さい縁を拾うと、あとから大きくなります。
大きい縁を拾うと、あとは小さくなるだけです。
株を買うのと同じです。
高値の株を探しても、あとは落ちるだけなのです。
小さい縁が大きくなって、大きい縁がまた小さくなるのです。
小さければ小さいほど、その縁は大きくなりうるのです。

56
スタイルを持つ女性になれる方法
≫
小さい縁に気づこう。

Method

57

エピローグ

ゴキゲンは、マナー。

ゴキゲンは、自分の意思でなるものです。

させてもらうものではありません。

いい女モドキは、何か楽しいことがあるとゴキゲンになります。

それは自分の意思ではありません。

「いつもゴキゲンでいる秘訣はなんですか」と聞くのは、「ごはんを食べる時に、いただきますという秘訣はなんですか」という質問をするのと同じです。

「ゴキゲン」も「いただきます」も、マナーです。

マナーの秘訣を聞くのはおかしいのです。

マナーは、みずからしなければいけないものです。

いい女モドキは、「ゴキゲンな人は、いいことが起こって、モテモテで、仕事がうまくいって、お金持ちで、勉強ができるからだ」と思っています。

「私のまわりにはつまらない男しかいない。こんなオヤジの面倒を見ていてゴキゲンでいられるわけがない」と言うのです。

いい女は、何もなくてもニコニコしています。

私が講演する時も、話し始める前からニコニコしている人がいます。

人間は、ゴキゲンな人に優しくしたくなります。

お金を払ったらいいサービスを受けられるわけではありません。

マナーのいい人が、初めていいサービスをしてもらえます。

「いいサービスをされる」→「マナーをよくする」という順番ではないのです。

ゴキゲンは、リアクションではなく、アクションです。

秘訣ではなく、意識です。

「いい女」と「いい女モドキ」の違いは、コツを知っているかどうかではなく、「ゴキケンはマナー」という意識があるかどうかです。

話を聞く前も、優しくしてもらう前も、1人でいる時も、マナーとしてニコニコしているのです。

講演は強制ではありません。

自分でお金を払って来ているのに、不機嫌な人がいるのです。

「どうしたらゴキゲンになれるんですか」と言う人は、すでに不機嫌なのです。

今、ゴキゲンですか。

57

スタイルを持つ女性になれる方法

≫

何もなくても、ニコニコしていよう。

中谷彰宏　主な著作リスト

『壁に当たるのは気モチイイ
人生もエッチも』
(サンクチュアリ出版)
『ハートフルセックス』【新書】
(KKロングセラーズ)
ポストカード『会う人みんな神さま』
(DHC)

面接の達人

【ダイヤモンド社】
『面接の達人　バイブル版』
『面接の達人　面接・エントリーシート
問題集』

【阪急コミュニケーションズ】
『いい男をつかまえる恋愛会話力』
『サクセス&ハッピーになる50の方法』

【あさ出版】
『「いつまでもクヨクヨしたくない」とき読む本』
『「イライラしてるな」と思ったとき読む本』
『「つらいな」と思ったとき読む本』
『なぜあの人は会話がつづくのか』

『変える力。』
(世界文化社)
『なぜあの人は感情の整理がうまいのか』
(中経出版)
『人は誰でも講師になれる』
(日本経済新聞出版社)
『会社で自由に生きる法』
(日本経済新聞出版社)
『全力で、1ミリ進もう。』
(文芸社文庫)
『だからあの人のメンタルは強い。』
(世界文化社)
『「気がきくね」と言われる人のシンプルな法則』
(総合法令出版)
『だからあの人に運が味方する。(講義DVD付き)』
(世界文化社)
『なぜあの人は強いのか』
(講談社+α文庫)
『占いを活かせる人、ムダにする人』
(講談社)
『贅沢なキスをしよう。』
(文芸社文庫)
『3分で幸せになる「小さな魔法」(CD付き)』
(マキノ出版)
『大人になってからもう一度受けたいコミュニケーションの授業』
(アクセス・パブリッシング)
『運とチャンスは「アウェイ」にある』
(ファーストプレス)
『「出る杭」な君の活かしかた』
(明日香出版社)
『大人の教科書』
(きこ書房)
『モテるオヤジの作法2』
(ぜんにち出版)
『かわいげのある女』
(ぜんにち出版)

中谷彰宏　主な著作リスト

『受験生すぐにできる50のこと』
『高校受験すぐにできる40のこと』
『お金持ちは、払う時に「ありがとう」と
言う。』
『20代にやっておいてよかったこと』
『ほんのささいなことに、
恋の幸せがある。』
『高校時代にしておく50のこと』
『中学時代にしておく50のこと』
『明日いいことが起こる夜の習慣』
『お金持ちは、お札の向きが
そろっている。』

【PHP文庫】
『たった3分で愛される人になる』
『自分で考える人が成功する』
『大人の友達を作ろう。』
『大学時代しなければならない50のこと』
『なぜ彼女にオーラを感じるのか』

【三笠書房・知的生きかた文庫 / 王様文庫】
『読むだけで人生がうまくいく本』

【大和書房】
『結果がついてくる人の法則58』

【だいわ文庫】
『いい女恋愛塾』
『やさしいだけの男と、別れよう。』
『「女を楽しませる」ことが
男の最高の仕事。』
『いい女練習帳』
『男は女で修行する。』

【学研パブリッシング】
『セクシーなお金術』
『セクシーな出会い術』
『セクシーな整理術』
『セクシーなマナー術』
『セクシーな時間術』
『セクシーな会話術』
『セクシーな仕事術』
『王子を押し倒す、シンデレラになろう。』
『口説きません、魔法をかけるだけ。』
『強引に、優しく。』
『品があって、セクシー。』
『キスは、女からするもの。』

【KKベストセラーズ】
『誰も教えてくれなかった大人のルール
恋愛編』

『「あげまん」になる36の方法』

【ダイヤモンド社】
『なぜあの人は逆境に強いのか』
『25歳までにしなければならない
59のこと』
『大人のマナー』
『あなたが「あなた」を超えるとき』
『中谷彰宏金言集』
『「キレない力」を作る50の方法』
『お金は、後からついてくる。』
『中谷彰宏名言集』
『30代で出会わなければならない50人』
『20代で出会わなければならない50人』
『あせらず、止まらず、退かず。』
『「人間力」で、運が開ける。』
『明日がワクワクする50の方法』
『なぜあの人は10歳若く見えるのか』
『テンションを上げる45の方法』
『成功体質になる50の方法』
『運のいい人に好かれる50の方法』
『本番力を高める57の方法』
『運が開ける勉強法』
『ラスト3分に強くなる50の方法』
『答えは、自分の中にある。』
『思い出した夢は、実現する。』
『習い事で生まれ変わる42の方法』
『面白くなければカッコよくない』
『たった一言で生まれ変わる』
『なぜあの人は集中力があるのか』
『健康になる家　病気になる家』
『スピード自己実現』
『スピード開運術』
『失敗を楽しもう』
『20代　自分らしく生きる45の方法』
『受験の達人2000』
『お金は使えば使うほど増える』
『大人になる前にしなければならない
50のこと』
『会社で教えてくれない50のこと』
『学校で教えてくれない50のこと』
『昨日までの自分に別れを告げる』
『人生は成功するようにできている』
『あなたに起こることはすべて正しい』

【PHP研究所】
『中学時代がハッピーになる30のこと』
『頑張ってもうまくいかなかった夜に
読む本』
『仕事は、こんなに面白い。』
『14歳からの人生哲学』
『チャンスは「あたりまえ」の中にある。』

中谷彰宏　主な著作リスト

『出会いにひとつのムダもない』
『なぜあの人はプレッシャーに強いのか』
『なぜあの人にまた会いたくなるのか』
『なぜあの人は運が強いのか』
『なぜあの人は「困った人」とつきあえるのか』

【三笠書房・知的生きかた文庫/王様文庫】
『お金で苦労する人しない人』

【オータパブリケイションズ】
『せつないサービスを、胸きゅん
サービスに変える』
『ホテルのとんがりマーケティング』
『改革王になろう』
『サービス刑事』

『20代でグンと抜き出る ワクワク
仕事術66』(経済界・経済界新書)
『会社を辞めようかなと思ったら読む本』
(主婦の友社)
『「反射力」早く失敗してうまくいく人の
習慣』(日本経済新聞出版社)
『大きな差がつく小さなお金』
(日本文芸社)
『35歳までにやめる60のこと』
(成美堂出版)
『人生を変える自分ブランド塾』
(成美堂出版)
『伝説のホストに学ぶ82の成功法則』
(総合法令出版)
『富裕層ビジネス　成功の秘訣』
(ぜんにち出版)
『リーダーの条件』(ぜんにち出版)
『成功する人の一見、運に見える
小さな工夫』(ゴマブックス)
『転職先はわたしの会社』
(サンクチュアリ出版)
『あと「ひとこと」の英会話』(DHC)
『オンリーワンになる仕事術』
(KKベストセラーズ)

恋愛論・人生論

【中谷彰宏事務所】
『感謝の星』
『リーダーの星』
『楽しい人生より、人生の楽しみ方を
見つけよう。』
『運命の人は、一人の時に現れる。』
『ヒラメキを、即、行動に移そう。』
『徹底的に愛するから、一生続く。』
『断られた人が、夢を実現する。』

『成功するためにしなければならない
80のこと』
『大人のスピード時間術』
『成功の方程式』
『なぜあの人は問題解決がうまいのか』
『しびれる仕事をしよう』
『「アホ」になれる人が成功する』
『しびれるサービス』
『大人のスピード説得術』
『お客様に学ぶサービス勉強法』
『大人のスピード仕事術』
『スピードサービス』
『スピード成功の方程式』
『スピードリーダーシップ』
『大人のスピード勉強法』
『一日に24時間もあるじゃないか』
『もう「できません」とは言わない』
『お客様がお客様を連れて来る』
『お客様にしなければならない50のこと』
『30代でしなければならない50のこと』
『20代でしなければならない50のこと』
『なぜあの人の話に納得してしまうのか』
『なぜあの人は気がきくのか』
『なぜあの人はお客さんに好かれるのか』
『なぜあの人はいつも元気なのか』
『なぜあの人は時間を創り出せるのか』

【ファーストプレス】
『「超一流」の会話術』
『「超一流」の分析力』
『「超一流」の構想術』
『「超一流」の整理術』
『「超一流」の時間術』
『「超一流」の行動術』
『「超一流」の勉強法』
『「超一流」の仕事術』

【PHP研究所】
『もう一度会いたくなる人の聞く力』
『30代にやっておいてよかったこと』
『もう一度会いたくなる人の話し方』
『【図解】仕事ができる人の時間の使い方』
『仕事の極め方』
『【図解】「できる人」のスピード整理術』
『【図解】「できる人」の時間活用ノート』

【PHP文庫】
『中谷彰宏　仕事を熱くする言葉』
『入社3年目までに勝負がつく77の法則』
『スピード人脈術』

中谷彰宏　主な著作リスト

ビジネス

【ダイヤモンド社】
『なぜあの人はすぐやるのか』
『なぜあの人の話に納得してしまうのか[新版]』
『なぜあの人は勉強が続くのか』
『なぜあの人は仕事ができるのか』
『なぜあの人は整理がうまいのか』
『なぜあの人はいつもやる気があるのか』
『なぜあのリーダーに人はついていくのか』
『なぜあの人は人前で話すのがうまいのか』
『プラス１％の企画力』
『こんな上司に叱られたい。』
『フォローの達人』
『女性に尊敬されるリーダーが、成功する。』
『就活時代しなければならない50のこと』
『お客様を育てるサービス』
『あの人の下なら、「やる気」が出る。』
『なくてはならない人になる』
『人のために何ができるか』
『キャパのある人が、成功する。』
『時間をプレゼントする人が、成功する。』
『会議をなくせば、速くなる。』
『ターニングポイントに立つ君に』
『空気を読める人が、成功する。』
『整理力を高める50の方法』
『迷いを断ち切る50の方法』
『初対面で好かれる60の話し方』
『運が開ける接客術』
『バランス力のある人が、成功する。』
『映画力のある人が、成功する。』
『逆転力を高める50の方法』
『最初の３年 その他大勢から抜け出す50の方法』
『ドタン場に強くなる50の方法』
『アイデアが止まらなくなる50の方法』
『メンタル力で逆転する50の方法』
『超高速右脳読書法』
『なぜあの人は壁を突破できるのか』
『自分力を高めるヒント』
『なぜあの人はストレスに強いのか』
『なぜあの人は仕事が速いのか』
『スピード問題解決』
『スピード危機管理』
『スピード決断術』
『スピード情報術』
『スピード顧客満足』
『一流の勉強術』
『スピード意識改革』
『お客様のファンになろう』

本作品は当文庫のための書き下ろしです。

■本の感想なら、どんなことでも、
あなたからのお手紙をお待ちしております。
僕は、本気で読みます。

中谷彰宏

〒112-0014
東京都文京区関口1-33-4
大和書房　編集部　気付　中谷彰宏行
＊食品、現金、切手などの同封は、ご遠慮ください。（編集部）

■中谷彰宏＊ホームページ▶http://www.an-web.com/
スマートフォン▶http://www.an-web.com/sp/

QRコードの読み取りに対応したカメラ付き携帯電話で左のマークを読み取ると、中谷彰宏ホームページのモバイル版にアクセスできます。対応機種・操作方法は取扱説明書をご覧ください。

QRコードの読み取りに対応したカメラ付き携帯電話で左のマークを読み取ると、NTTドコモ、au、ソフトバンクなどのキャリア3社の公式サイト、【中谷彰宏を読む　モバイル中谷塾】にアクセスできます。対応機種・操作方法は取扱説明書をご覧ください。

視覚障害その他の理由で活字のままでこの本を利用できない人のために、営利を目的とする場合を除き「録音図書」「点字図書」「拡大写本」等の製作をすることを認めます。その際は著作権者、または、出版社までご連絡ください。

中谷彰宏は、盲導犬育成事業に賛同し、この本の印税の一部を（財）日本盲導犬協会に寄付しています。

中谷彰宏（なかたに・あきひろ）
一九五九年四月一四日、大阪府生まれ。早稲田大学第一文学部演劇科卒。博報堂に入社し、CMプランナーとして、テレビ、ラジオ、CMの企画・演出をする。九一年、独立し、（株）中谷彰宏事務所設立。中谷塾を主宰し、全国で、講演・ワークショップ活動を行っている。

中谷彰宏公式ホームページ
http://www.an-web.com/
スマートフォン
http://www.an-web.com/sp/

だいわ文庫

いい女《おんな》の教科書《きょうかしょ》
スタイルを持《も》つ女性《じょせい》になれる57の方法《ほうほう》

著者　中谷彰宏《なかたにあきひろ》

二〇一三年四月一五日第一刷発行
二〇一三年八月五日第三刷発行

発行者　佐藤 靖
発行所　大和《だいわ》書房
東京都文京区関口一-三三-四 〒一一二-〇〇一四
電話 〇三-三二〇三-四五一一

装幀者　鈴木成一デザイン室
本文デザイン　照元萌子（吉村デザイン事務所）
本文印刷　信毎書籍印刷
カバー印刷　山一印刷
製本　小泉製本

ISBN978-4-479-30428-9
乱丁本・落丁本はお取り替えいたします。
http://www.daiwashobo.co.jp